REPLANTEO DE LA SECCION

REPLANTEO DE LOS ORIFICOS

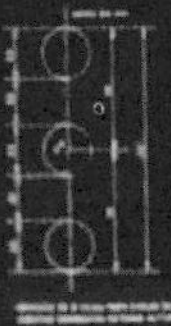

ANCLAJES

ESCALA 1:25

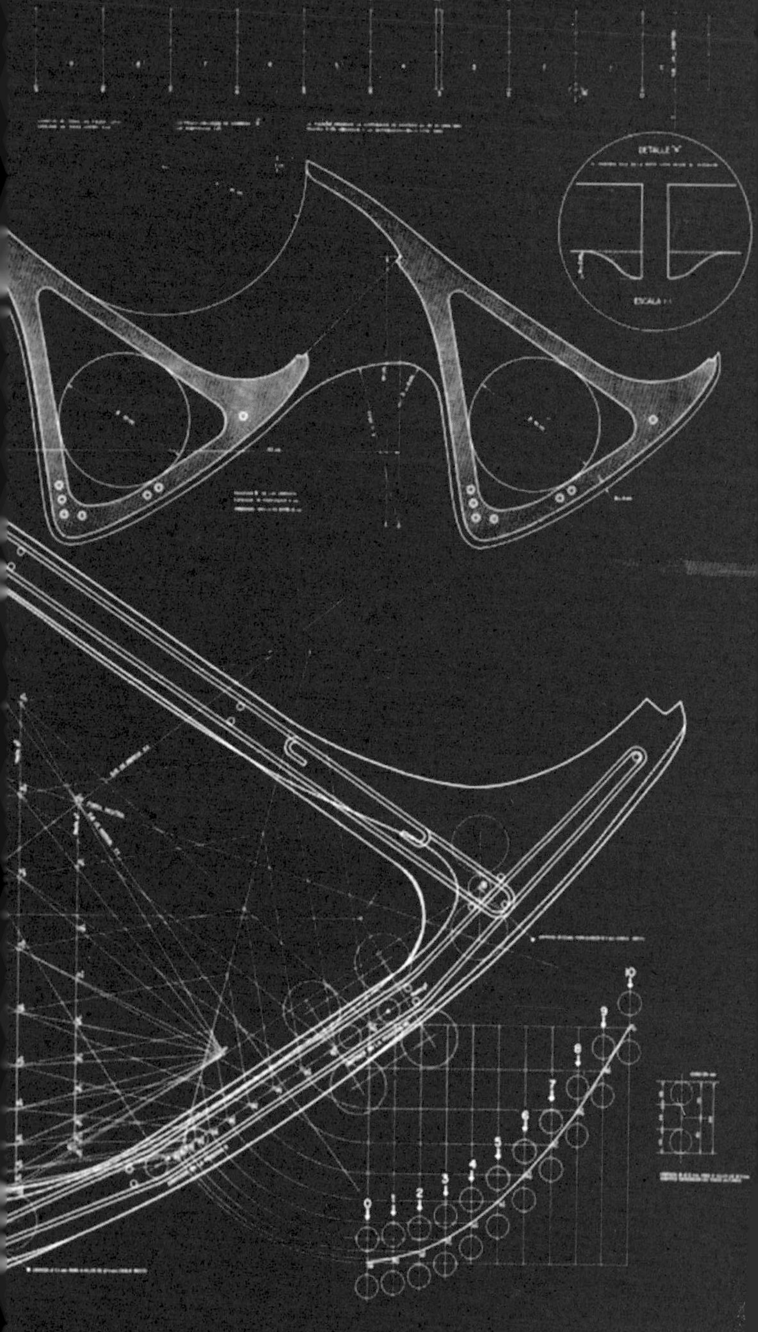

DETALLE "A"
ESCALA 1:1

# Miguel Fisac

# Autobiografía

la Menor

# CANiCHE

Caniche Editorial, S. L.
Marzana, 14, sótano A
48003 Bilbao

canicheeditorial.com
canicheeditorial@gmail.com

*Autobiografía*
Miguel Fisac
© Miguel Fisac / Demarcación de Ciudad Real del COACM
© De las fotografías:
   Cortesía Fundación Miguel Fisac, págs. 72-89 y 108
   Cortesía Carlos Copertone, págs. 90-100
   Cortesía Luis Asín, pág. 110
© De la edición: Caniche Editorial, 2023

Diseño: Setanta

ISBN: 978-84-127621-1-2
Depósito legal: BI 01430-2023
Impreso por Grafilur
Impreso en España

Con la colaboración de la Fundación Fisac y de la Demarcación de Ciudad Real del Colegio Oficial de Arquitectos de Castilla-La Mancha, de cuyos fondos proceden los textos del presente volumen.

fundaciónmiguelfisac

# Nota de los editores

Miguel Fisac es de uno de los más fértiles, experimentales, críticos —y autocríticos—, rigurosos e influyentes arquitectos españoles de la historia, con un alcance que no solo se ha propagado en los espacios construidos, sino en las maneras de hacer de otros arquitectos y artistas.

Su particular enfoque creativo resuena hoy más que nunca; la modernidad y la contemporaneidad inundaban su discurso, donde ya planteaba —y abordaba— problemas tan actuales y perentorios como la sostenibilidad, la asequibilidad o la modularidad.

Sacar a la luz un texto inédito de Fisac, de carácter autobiográfico, donde es el propio arquitecto quien ofrece las claves de su pensamiento arquitectónico y urbanístico, de su experimentación e influencias, donde también devela sus íntimas desazones y desencantos, sus más hondas preocupaciones, resulta particularmente pertinente y estimulante.

La arquitectura de Miguel Fisac ha constituido, además, una presencia constante en nuestra trayectoria personal y ha ejercido una influencia creciente en el proyecto —editorial y curatorial— de

Caniche, que trata de explorar las interferencias y contaminaciones recíprocas entre las prácticas artísticas y las estrategias espaciales contemporáneas.

Con frecuencia apelábamos a Fisac en los artículos que semanalmente publicábamos desde 2014 en *Architectural Digest*. En 2015, la revista norteamericana de arquitectura *Mas Context*, dirigida por Iker Gil, nos invitó a colaborar en su número *Legacy*, dedicado a la influencia de largo alcance de determinadas propuestas constructivas que ya no están en pie y la manera en que estas han moldeado nuestra comprensión y enfoque de la arquitectura.

Elegimos La Pagoda. En aquel texto, titulado «The short life and long history of La Pagoda», tratábamos de contextualizar para un público internacional la apasionante historia de una de las construcciones españolas indiscutiblemente merecedoras de la categoría de mito de la arquitectura: los Laboratorios Jorba, edificio conocido popularmente como La Pagoda.

Resulta complejo predecir cuándo una determinada arquitectura va a alcanzar un valor simbólico, capaz incluso de sobrevivir a su propia destrucción. El proceso de mitificación de una obra puede acelerarse exponencialmente cuando a sus valores intrínsecos se unen circunstancias históricas únicas y se lleva a cabo una demolición cargada de teatralidad. Este era, sin duda, el caso de La Pagoda, la deslumbrante obra que Fisac proyectó en Madrid y que hoy pertenece al territorio mítico de la memoria.

En el ascenso y caída del edificio confluyeron elementos de tragedia y de ópera bufa: denuncias de conspiraciones religiosas, desidia administrativa en clave de vacaciones de verano, negocios especulativos, celos profesionales y unos gobernantes incapaces de apreciar una arquitectura cuya injusta destrucción la convirtió en mito y mártir.

Chicago, ciudad paradigma de la arquitectura moderna, fue el escenario del siguiente capítulo en nuestra aproximación sensible, aprendizaje y asimilación de la arquitectura de Fisac. *Poured architecture* [Arquitectura vertida] fue el título de la exposición que comisariamos y que ocupó la totalidad de las plantas de Madlener House, sede de Graham Foundation. La muestra, concebida como una instalación experimental, entremezcló la práctica del artista vasco contemporáneo Sergio Prego con la arquitectura y las investigaciones materiales, morfológicas y funcionales del arquitecto manchego. La confluencia de ambas prácticas se hacía evidente en una serie de intereses compartidos, en la ductilidad de materiales como el hormigón o el plástico para explorar las relaciones entre los cuerpos y el entorno construido, la topología y la geometría, la figuración y la abstracción.

Múltiples elementos característicos de su arquitectura se convocaron en la muestra, entre ellos, las singulares formas dúctiles impresas en las fachadas de hormigón flexible, que actúan como pieles de sus edificios. Fisac exploró la maleabilidad del hormigón, en contraste con el prototípico uso rígido. Sus formas, hechas con láminas de plástico, dejaron pliegues que ilustran la adaptabilidad del hormigón antes de que se fije (lo que el arquitecto llamaba la «huella genética»). La arquitectura vertida, el sistema patentado de hormigón fundido por membrana flexible de Fisac, tiene en cuenta el estado líquido inicial del hormigón. También, sus icónicas vigas hueso inspiradas en la sección transversal de huesos huecos se pueden ver en edificios como el Centro de Estudios Hidrográficos... Diseños que recuerdan la morfogénesis, proceso biológico descrito por primera vez en el seminal texto de Goethe *La metamorfosis de las plantas* (1790) por el cual un organismo desarrolla su forma a partir de la organización del tejido celular.

Fisac terminó de escribir esta autobiografía en julio de 1970, cuando contaba con 57 años. Daba su texto un escueto avance sobre su análisis teórico y práctico con los encofrados flexibles. Siguió construyendo hasta prácticamente el final de su vida, en 2006. Para completar esos años de práctica arquitectónica y experimentación formal, esta edición incluye una serie de imágenes que dan cuenta de los resultados en la piel de sus edificios, complementando así sus palabras con las fotografías de sus construcciones con hormigones flexibles. A modo de epílogo, se incluye el discurso que pronunció con ocasión de la entrega de la Medalla de Oro de la Arquitectura, otorgada por el Consejo Superior de los Colegios de Arquitectos de España, en 1994. Y como colofón, un breve apunte sobre La Pagoda y su derribo.

Unas últimas palabras para expresar nuestro mayor reconocimiento y gratitud tanto a la Demarcación de Ciudad Real del Colegio Oficial de Arquitectos de Castilla-La Mancha como a la Fundación Miguel Fisac, que nos ha brindado, gracias al feliz hallazgo de este manuscrito, una ocasión extraordinaria para repasar y poner en valor la inigualable trayectoria del arquitecto. Gracias a su presidente, Diego Peris, sin cuyo trabajo, generosidad y entrega este libro no hubiera podido ver la luz. Gozan del enorme privilegio de atesorar un legado que ya forma parte de la memoria colectiva de este país y de la historia de la arquitectura.

Patxi Eguíluz y Carlos Copertone

# AUTOBIOGRAFÍA.
# EN BUSCA DE UNA
# EXPRESIVIDAD PROPIA
## (1925-1970)

A los doce años comencé a pensar en ser arquitecto. Fue una idea realmente extraña, porque ni en mi familia ni entre mis amistades hubo ninguna referencia que pudiera estimularme hacia esa profesión. Mi padre, farmacéutico, con una botica muy acreditada en un pueblo de la Mancha, en Daimiel, tenía solamente un amigo arquitecto que vivía en Madrid, pero yo le conocía muy poco y su ejercicio profesional era más bien de carácter burocrático. De otra parte, aunque me gustaba mucho la pintura, se me daba mal; tenía facilidad y afición a las matemáticas, y lo que me gustaba con pasión era la Historia Natural, los bichos, como yo decía.

En España, la carrera de arquitecto era, en los años treinta, una de las más brillantes, muy bien vista por las chicas elegantes y para gentes ciudadanas y con dinero. Mi familia tenía una posición económica desahogada, pero para un chico de pueblo, el decir que quería ser arquitecto era una pretensión poco probable de alcanzar, por lo que decidí mantenerla en secreto entre mis amigos y parientes.

Solo en el último año de bachillerato declaré mi propósito, lo que supuso para mi padre una contrariedad. Él abrigaba la ilusión de que yo estudiara farmacia y que continuara sus investigaciones sobre la curación de la tuberculosis y pudiera llevar a buen término la explotación del Pulvi-inhalador Fisac, que su profunda honradez y su escaso sentido comercial, a partes iguales, habían dejado en un indefinido letargo.

La doble argumentación que mi padre esgrimió para disuadirme de mi propósito —nunca como una imposición autoritaria— fue que esa carrera era muy difícil, y la otra razón para él más definitiva, que para tener éxito en esos estudios se necesitaban unas recomendaciones y unas influencias de las que yo carecía. Y tengo que reconocer que ambas apreciaciones no estaban, en aquella época, del todo equivocadas.

Después de un año de estar preparando los dibujos para el ingreso en una academia muy buena, el profesor escribió a mi padre: «Trabajando con mucho interés y aplicación ha conseguido adelantar en los dibujos, especialmente en lavado[1], si bien en copia de estatua falta todavía bastante labor por el poco tiempo que llevamos y no tener una gran aptitud».

La apreciación de mi profesor era totalmente cierta: yo no tenía gran aptitud para el dibujo.

Mi padre captó perfectamente la indicación y me insinuó la conveniencia de abandonar mi pro-

1. En la Escuela, durante muchos años, las técnicas de dibujo que había que aprender eran el lavado y la mancha. El lavado era una técnica que utilizaba tinta china que, según se diluyera más o menos, daba un gris más claro o llegaba al negro. Con ello se hacían dibujos de piezas de arquitectura: capiteles, basas... (N. de los E.).

pósito de intentar ingresar en la Escuela de Arquitectura. Ante mi tajante decisión de que «o era arquitecto o no era nada», no se volvió a hablar del asunto. Al año escaso el profesor escribía de nuevo: «Su adelanto, sobre todo en estatua, es considerable».

No es mi propósito relatar casi diez años de escolaridad rutinaria, interrumpidos por una terrible Guerra Civil. Tuve algunos buenos profesores, otros regulares y algunos hasta malos. Me enseñaron poco, me aburrí bastante, pero no consiguieron quitarme la ilusión por la arquitectura. Eché entonces, y sobre todo después, mucho en falta la presencia de un maestro a quien admirar y de quien aprender, al que pudiera consultar mis dudas y con el que pudiera discutir y analizar mis puntos de vista.

No he sentido nunca vocación de catedrático. Se me ha instado, en varias ocasiones, para que fuera a dar lecciones a la Escuela. Mi negativa no siempre se ha interpretado bien y, a veces, algún compañero me ha tildado de egoísta o de soberbio.

Respeto y admiro profundamente la abnegada vocación de enseñar, pero me falta paciencia y no tengo entusiasmo para ejercer esa profesión. Sin embargo, no querría que fuera cierta mi atribuída falta de generosidad.

Durante más de veinticinco años he pensado continuamente sobre arquitectura, he hecho bastante obra y he contemplado, con visión propia, viajando por todo el mundo, muchos edificios de geniales, buenos, mediocres y malos arquitectos.

No tengo ningún alto concepto de mi trabajo, en realidad no quiero ni debo juzgarlo, ni bien ni mal; no soy, por supuesto, el que debe hacerlo.

Tengo —y eso creo que es bueno— un agudo y exigente sentido crítico, sobre todo con mi propia obra. De verdad —de verdad—, nada de lo que he hecho hasta ahora me ha gustado. Es completamente lógico que así sea. Con más o menos velocidad, mis ideas arquitectónicas evolucionan. El proyecto que haga hoy, si llega a realizarse, se terminará, como muy pronto, dentro de un año y medio o dos y, para entonces, ese proyecto lo hubiera concebido de otra forma y con materiales más evolucionados; con un resultado distinto, en cualquier caso.

Creo que para hacer arquitectura, además de saber muchas cosas acerca del hombre, de la sociedad, de las estructuras portantes, del espacio y de la plástica, es necesario tener un criterio arquitectónico. No teorizaciones sobre arquitectura, que me parecen lo más pedante, oscuro e inútil en que puede caer un verdadero arquitecto.

Durante algún tiempo —después lo contaré— me encontré desorientado, sin un concepto claro de lo que debía hacer y casi llegué a perder el gusto de proyectar.

Pienso que tal vez a algún estudiante de arquitectura podría servirle mi experiencia, esa es la idea, no principal sino única, de escribir este libro. Me creo en el deber de dar lo que tengo y decir lo que sé: es mi modesta aportación a una docencia que nunca realicé directamente.

## De un cierto clasicismo

En los últimos años en que cursé mis estudios en la Escuela de Arquitectura de Madrid, procuré comenzar a formarme un criterio básico que me sirviera de guía para crear la arquitectura que tuviera que proyectar.

La circunstancia tiene una fuerza enorme en nuestros juicios. Y la circunstancia española de los años cuarenta, para un hombre recién salido de una durísima Guerra Civil y contemplando la más enorme contienda mundial que ha conocido la historia, era realmente una circunstancia excepcional.

Yo no había llegado a vivir, antes de la guerra, la problemática de la arquitectura racionalista divulgada en España por el GATEPAC (Grupo de Arquitectos y Técnicos Españoles para el Progreso de la Arquitectura Contemporánea).

Aizpurua, tal vez la figura con criterios más sólidos del racionalismo arquitectónico español, había muerto, y muchos de los componentes del grupo se habían exiliado. En aquel ambiente de la España del año 40, era axiomático que el funcionalismo o racionalismo estaba muerto para siempre.

De otra parte, no había obra realizada con la suficiente fuerza para desmentir esa afirmación, al menos de una forma clara y rotunda, y los arquitectos que procedían de aquellas trincheras del progresismo arquitectónico, como Arniches, Mercadal, Blanco-Soler, Gutiérrez Soto, Aguinaga y otros, se habían pasado, con violencia, a las posiciones historicistas de moda aquí. Zuazo estaba ausente... y fuera de España no se encontraba arquitectura, sino destrucción.

Los estudiantes de mi generación nos hallábamos solos, sin camino, con una carrera para estrenar y con mucho trabajo urgente a la vista. ¿Qué hacer? ¿Se debía dar por muerto un racionalismo del que ni se quería oír hablar?

Es natural que al salir de una guerra, y más con las características de la nuestra, hubiera en el ambiente una fortísima carga de nacionalismo, y también, desgraciadamente, de patrioterismo, que motivaba una sublimación de los valores de nuestra geografía física y humana. En ese ambiente, las premisas que enseñaba, y sobre todo que practicaba, la arquitectura racionalista de despreciar, o al menos desconocer, las circunstancias ambientales del paisaje y las características de la idiosincrasia de las gentes de cada región, eran una palpable demostración de su error conceptual.

Pero al volver la cabeza y contemplar el *remedio* historicista que proponían los arquitectos que dirigían el movimiento arquitectónico español de posguerra, con copias casi exactas de la arquitectura de los Austrias, con sus chapiteles, sus torres y sus plazas mayores, todo ello a primera vista falso e inadecuado, fue natural que el desaliento y la desorientación se apoderaran de mí.

Sería injusto considerar que era inútil o infundada esa reacción historicista: era la lógica reacción a los desarrollos ambientales deshumanizados del racionalismo. Pero existía el peligro de, para evitar esa deshumanización, caer en un plagio de formas. Ese peligro —que vi con claridad por lo que entonces proyectaban nuestros arquitectos— es en el que procuré no caer, y esa experiencia me ha proporcionado la idea, tal vez falsa, de que estoy vacunado contra ciertos movimientos muy posteriores que, poco más o menos, han venido a decir lo mismo. Tal vez con un ropaje erudito más brillante, pero con idéntico fondo esencial. Y en él han caído generaciones más jóvenes de arquitectos españoles. Me refiero concretamente al formalismo, un tanto fantasmagórico, de Louis I. Kahn y a otros historicismos de última hora, sobre todo italianos.

Siempre he pensado que la arquitectura es un trabajo de creación. Pero crear sin criterio, a lo que salga, es un disparate y por eso me propuse reunir unas cuantas ideas, lo más claras posibles, que estructuraran mi credo arquitectónico.

Toda arquitectura está *plantada* en un paisaje. La realidad física, climática, cromática y ambiental de ese paisaje son circunstancias que no es correcto desconocer: un punto de apoyo de mi arquitectura ha sido siempre el paisaje.

Los pueblos, las gentes, con su forma de ser, sus peculiaridades, su manera de entender la vida, durante siglos, han conseguido plasmar una casi inconsciente arquitectura popular, dándonos una gran lección en sus conceptos esenciales, no formales. Y este distingo entre lo esencial y lo formal fue la causa, a mi entender, de la errónea orientación que seguía, por entonces, en su reconstrucción de pueblos, la Dirección General de Regiones Devastadas, al tomar el *farolito* y el *arquito* en lugar de tomar la adecuación de los materiales y sus disposiciones constructivas reales como base de expresividad plástica.

En una publicación que resume una conferencia que, en fechas algo posteriores (1951) di en el

Ateneo de Madrid con un título muy significativo, «La arquitectura popular española y su valor ante la arquitectura del futuro», decía: «La arquitectura popular española tiene alegría, una alegría sana, limpia, de aire libre. Una alegría para desear y para envidiar, aunque no para copiar. Porque copiar lo espontáneo es como querer coger el aire con las manos... si queda algo entre ellas es polvo». Y terminaba así: «Nos servirá esa arquitectura popular española. Insisto, ¡no para plagiarla!, sino para aprender de ella honradez, verdadero funcionalismo y, sobre todo, amor al paisaje».

Tengo que confesar, con satisfacción, que de estos dos puntos básicos —paisaje en que está enclavada e idiosincrasia de los usuarios de la arquitectura— no he renegado nunca al hacer mis proyectos. Pero no son conceptos suficientes para definir una completa orientación arquitectónica. Hace falta, al menos, un tercer factor que, hasta cierto punto, ha de proporcionar mayores consecuencias expresivas a la arquitectura.

En aquella primera etapa de mi labor arquitectónica este tercer factor se podría enunciar así: la arquitectura es una bella arte que maneja elementos abstractos totalmente alejados de otras realidades vivas o inanimadas y, por tanto, su armonía y su belleza han de basarse en puras relaciones numéricas, como en la música.

Unas relaciones que depuraron los antiguos, y que conocemos por clásicas, vienen a ser la materialización de esos números de oro, por tanto, sin que sea necesario caer irremisiblemente en los resultados formales que llamamos órdenes, la esencia de esas relaciones debe permanecer.

Veinte años después de pensar y escribir yo esto, Kahn decía: «Existe en la construcción ideal un elemento eterno de la arquitectura que no debía ser excluido de los proyectos de nuestros días».

En aquellos años, la arquitectura italiana de la época de Mussolini, y muy especialmente la que se hacía para la exposición de Roma del 42[2], lo que se ha llamado el *Novecento* y también la arquitectura nazi alemana, estaban en pleno auge.

Ambas presentaban demasiadas deficiencias simplemente observadas desde las revistas —desde donde entonces podía yo conocerlas y juzgarlas— para que me pudieran servir como orientaciones ideales que seguir, pero, de todas formas, me encaminaron a las fuentes de donde procedían: la alemana, a la arquitectura helenística y refinada

2. Para la Esposizione Universale Roma de 1942 (conocida como EUR42) se construyó un amplio complejo que, en términos urbanísticos, fue diseñado para dirigir la expansión de la ciudad hacia el sudoeste, conectándola con el mar. Estaba previsto que se inaugurase para celebrar los veinte años del régimen fascista de Benito Mussolini, pero la planeada exposición nunca se llegó a celebrar debido a la Segunda Guerra Mundial. Su desarrollo se retomó en los cincuenta por la celebración de los Juegos Olímpicos en Roma. [N. de los EE.]

de Schinkel; la italiana, a la arquitectura renacentista del *quattrocento* y el *cinquecento* de Brunelleschi, Ammannati, Vignola, Rafael y Palladio principalmente y también la barroca de Borromini.

Unos primeros encargos, que se iniciaron con el anteproyecto que me propuso realizar el secretario general del Consejo Superior de Investigaciones Científicas, don José María Albareda, de la habilitación de un salón de actos existentes para capilla del Espíritu Santo, y que gustó al ministro señor Ibáñez Martín, me proporcionaron la posibilidad de proyectar un pequeño conjunto de edificios que, además de la capilla, lo formaban el edificio central del Consejo, en colaboración con Fernández Vallespín, y los Institutos de Edafología y Fisiología Vegetal.

El esfuerzo y entusiasmo con que realicé estos edificios y la dedicación y minuciosidad que puse en ello, proyectando los muebles, las lámparas, las alfombras y hasta las manivelas de las puertas, y la dificultad que tuve para conseguir los materiales adecuados, ya que nos encontrábamos en plena reconstrucción de posguerra y con la guerra mundial a nuestro alrededor, fueron de mucha utilidad para mí. Aquellas columnatas, pórticos y cornisas llegaron a parecer «una audacia moderna» en el ambiente rabiosamente historicista y folclórico en que se desarrollaba en

España la intensa actividad de reconstrucción arquitectónica.

Recuerdo que un arquitecto de mayor edad, que había realizado el edificio del Archivo Histórico Nacional, dentro también de aquel reciento, disculpaba ante mí su clasicismo, argumentando que, como su programa se refería a una cosa histórica, no podía hacer un edificio tan atrevido como los míos.

Toda aquella labor que termina mi primera etapa hacia el año 46 gustó a las autoridades, a la gente y hasta a mis compañeros. El intento arquitectónico había resultado como yo me había propuesto, no había por ese lado motivo de frustración, pero me quedó la certidumbre instintiva —no razonada ni intelectual— de que aquel era un camino equivocado.

Sin embargo, tengo que reconocer, aunque ahora rechace su sustancial deshumanización, que esta primera etapa me puso en contacto con los problemas prácticos que se le presentan al formalismo arquitectónico clásico y que me ha sido muy provechosa, entonces y siempre, en mi labor de creación arquitectónica.

Prescindiendo de las formas concretas de los llamados órdenes, la jerarquía interna del rigor creador de la arquitectura clásica es una disciplina que creo útil. Aunque tengo que reconocer que esa ordenación racionalizada ha dificultado, y casi hasta  anulado, un expresivismo que, por temperamento y por el paisaje físico y psíquico de mi infancia, parece que debería haber tenido un papel más importante en mi labor creadora, siempre contenida, incluso aparentemente fría en ocasiones, motivada, sin ninguna duda, por ese trasfondo clásico.

Como dato curioso y sintomático de esta dualidad clásica —expresivista, que permanentemente lucha en mí—, recuerdo que en la época de más entrega a los principios clásicos, cuando mi problemática estético-arquitectónica la centraba en estudiar las formas más correctas de pasar de un orden gigante a otro doble y otras zarandajas parecidas, estando un día en un hotel de Murcia donde el balcón de mi habitación daba a un palacio de principios del siglo XVIII, observé que una imposta que corría a lo largo de toda la fachada y que marcaba la doble ordenación de ella, al llegar a un punto en el que había que romper esta disposición, el arquitecto, con una deliciosa ingenuidad, había hecho en la imposta como un lazo y la había cortado tan tranquilo, como si fuera un cordel o una cinta.

Esta frívola e intrascendente solución, contemplándola ahora con la suficiente perspectiva, de casi veinticinco años, estoy convencido de que fue el punto de apoyo de ese pacto entre lo clásico y lo expresionista de mi arquitectura que, tal vez, haya sido bueno o tal vez haya sido malo, o hasta muy malo, para mí, pues ha situado mi arquitectura en un cierto equilibrio, restando la fuerza expresiva que mi actitud temperamental debería exigir para ser totalmente sincera.

Sin embargo, el clasicismo que yo he sentido siempre ha tenido una cierta libertad helénica que lo separa de esas recetas renacentistas que llevan a soluciones que siempre me parecieron malas: como Versalles, por ejemplo.

Ya al construir la iglesia del Espíritu Santo tuve el lema de que «no hay arte sin tensión, ni belleza sin equilibrio» y ese elemental principio estético lo he aplicado siempre, a veces tan claramente como en la composición de la torre del Instituto Cajal o en la fachada —de hormigón— del Centro de Información y Documentación del Patronato Juan de la Cierva, del Consejo de Investigaciones. Cuando, muy posteriormente, visité la Acrópolis de Atenas, aquellas apreciaciones mías sobre las tensiones y los equilibrios se enriquecieron mucho con aquel admirable ejemplo.

Otro criterio —o, mejor, sentido estético— me lo ha proporcionado muy acusadamente una fobia adquirida con el uso de la razón desde niño. Es una tremenda aversión a los botones, y muy especialmente a los de nácar, que tienen ciertas relaciones con algunas texturas brillantes y algunas formas u orificios que he rechazado sistemáticamente en mi arquitectura.

En 1946 hice mi primer viaje a Roma, lo que me puso en contacto directo con las realizaciones del *Novecento*, principalmente de Piacentini, que no me gustaron. La inconclusa exposición del 42 me pareció mejor, pero no lo suficientemente buena como para disuadirme de que aquel camino era equivocado y frívolo, además de que se trataba de una arquitectura monumental que no era trasladable a soluciones para la vivienda. Y aunque no me habían encargado hasta entonces ninguna, consideraba y sigo considerando que el tema de la vivienda, y sobre todo el de la vivienda social, es el más importante que tiene planteado la arquitectura de nuestro tiempo.

Ante mi certeza íntima de haber errado el camino, me puse a reconsiderar cuáles deberían ser los puntos básicos de mi criterio arquitectónico.

Los dos primeros: la necesaria ambientación de la arquitectura al paisaje físico y al humano, me seguían pareciendo válidos, pero no suficientes para estructurar una teoría arquitectónica congruente. Era preciso encontrar otro punto, al menos, que pudiera orientar y dar consistencia conceptual a mis nuevos proyectos.

Tal vez, pensé, que desechar las directrices de la arquitectura racionalista había sido una medida precipitada e influenciada tendenciosamente por un ambiente fuertemente reaccionario. Merecería la pena reconsiderar nuevamente sus premisas y sobre todo sus realizaciones. También podía serme útil analizar la obra de algún arquitecto que, aunque adscrito al *novecento* italiano, tuviera más calidad que la de los epígonos de aquel movimiento. Estos razonamientos me impulsaron a estudiar, lo más a fondo que pudiera, la obra de Le Corbusier y la de Terragni.

Un viaje a París me permitió conocer, en una visita de varias horas, el pabellón suizo de la Ciudad Universitaria [de Le Corbusier]. Aquel edificio me atraía plásticamente, pero pude comprobar que su auténtica funcionalidad era falsa. Minuciosamente analicé la razón de ser de la escalera oblicua, el acristalamiento total de las fachadas de las habitaciones de alumnos y la completa opacidad de la fachada contraria; la justificación de que los soportes de hormigón fueran desiguales, la razón de ser de aquel hueco solitario... ¿Por qué una de las hojas de aquella ventana daba a un aseo y la otra a un pasillo? Viendo todo esto terminé marchándome decepcionado.

Repetidas visitas a la Unidad de Habitación de Marsella [también de Le Corbusier], primero en construcción y posteriormente en pleno uso, no me dieron pie para corregir la opinión que me produjo aquella primera visita al pabellón suizo de la Ciudad Universitaria de París.

La ocasión de ver una obra de Terragni me la proporcionó un viaje a Milán. Era una casa de vecinos, malísimamente conservada, que me costó mucho trabajo encontrar y con la que no pude conseguir formarme un juicio de su arquitectura.

Había en el racionalismo arquitectónico un personaje clave a juzgar y tal vez a seguir: Mies van der Rohe. Su obra no pude analizarla *de visu* hasta algunos años después, pero solamente la información gráfica era suficiente para convencerme de que este arquitecto prescindía totalmente de los dos factores que yo consideraba definitivamente válidos: la relación con el paisaje físico y la relación con el paisaje humano. Había, además, otra razón de orden tecnológico. Evidentemente la arquitectura de Mies era solo posible en países altamente industrializados, que no era el caso del mío.

Cuando pude estudiar directamente toda la arquitectura que Mies van der Rohe había realizado en Norteamérica (la casa Farnsworth, en Plano, Illinois; los edificios del Instituto Tecnológico de Illinois (ITI) y Lake Shore Drive, en Chicago, y la Seagram, en Nueva York) y, posteriormente, cuando he visto, en varias etapas de su construcción, la Nueva Galería Nacional de Arte, de Berlín, he ratificado estas conclusiones que previamente había llegado a intuir, pero confirmando también que, a pesar de todo, Mies ha sido el más grande arquitecto del siglo XX.

La expresividad arquitectónica propia del acero laminado la ha conseguido encontrar Mies van der Rohe. Esto no es todo en arquitectura, pero es mucho. Mucho en el orden tecnológico y mucho también en el artístico. Aunque tengo la impresión de que esta expresividad la ha conseguido intuitiva y casi inconscientemente, ya que en los apartamentos Promontory, en Chicago, con estructura de hormigón armado, utiliza las mismas fórmulas plásticas que ya allí no tienen razón de ser.

Mies ha condensado también en esa sencilla fórmula del menos es más algo que debiera ser tenido en cuenta por los arquitectos de todos los tiempos, con todos los materiales y con todas las tecnologías, como una verdadera regla de oro de la arquitectura. Pero esas excelencias de su obra, con ser dignas de admiración, no son suficientes para olvidar su profundo sentido clásico y, por tanto, abstracto, radicalmente desvinculado de la tierra y de los hombres y en la que la arquitectura no es una bella arte encontrada buscando una servidumbre social y humana, que debe ser su razón de ser, sino casi una coincidencia, en una creación hecha para ser bella, como una forma de pura geometría o como una piedra preciosa tallada.

## Entreacto de desorientación

¿Era la verdadera arquitectura una quimera inaccesible? ¿Estaban todos los arquitectos equivocados, o mentían, o vegetaban...?, me preguntaba.

Tal vez, sin darme cuenta, las batallas interiores que yo sostenía en campos aparentemente distantes no dejaban de crear resonancias en mi panorama arquitectónico. La realidad es que estuve dos o tres años desorientado, sin saber qué hacer y haciendo lo que hacía sin ilusión, a desgana, para salir del paso.

Un doble pilar me quedó tan solo de mi primera teoría arquitectónica: que la arquitectura estaba enclavada en unos paisajes físicos y humanos, a los que debería serles fiel. Pero eso era muy poco, y contemplando avergonzado la obra que hice en esos años, veo que ni a esos principios fui realmente fiel, ya que, si bien en un pequeño barrio y en una residencia de estudiantes en Santiago de Compostela, parece que la obra se mantiene fiel a esas lealtades al paisaje, en otra residencia en Barcelona y en tres casas de viviendas en Córdoba, la fidelidad local se desdibuja y se desvía hacia un cierto clasicismo sin nervio.

En aquella época hice frecuentes viajes a Italia, y en una primera visita a Florencia, solo, llegué al buen tuntún por unas callejas hasta la plaza de la Señoría y, frente al palacio [Palazzo Vecchio], apoyado en la balaustrada de la Loggia dei Lanzi, me invadió un sudor frío y tuve que sentarme en las piedras a medio labrar en una cornisa en reparación, para no perder completamente el sentido, tan grande fue la emoción que su contemplación me produjo.

No recuerdo cómo fue, pero debí de leer en alguna revista, a propósito de Frank Lloyd Wright, una frase del filósofo chino Lao-Tse: «Cuatro paredes y un techo no son arquitectura, sino el aire que queda dentro». Esta fue para mi una revelación de la que nunca me he separado.

Un encargo que acometí con ilusión: el Instituto de Óptica del Consejo Superior de Investigaciones Científicas. Me obligó a ceñirme a unas calidades epidérmicas, en los muros de carga de ladrillo de la fachada y a unas ordenaciones interiores que llamé «módulos autónomos de laboratorio», que me comenzaron a interesar y me hicieron volver a tomar una cierta ilusión por mi trabajo.

# Neoempirismo orgánico

Con un compañero de Barcelona, José Antonio Balcells, realicé un viaje por Europa en 1949 con el pretexto, que cumplí exhaustivamente, de estudiar la estabulación de animales de experimentación: ratas, ratones, cobayas, etc., para proyectar el Instituto Cajal de Biología.

La maleta de mis ideas arquitectónicas tenía en aquellas fechas poco contenido: las consabidas fidelidades a los paisajes físicos y humanos, un deseo de llegar a concretar el concepto espacial de la arquitectura, que me había descubierto la frase de Lao-Tse, y unas ganas enormes de expresarme con sinceridad y honradez, sobre todo —entonces— en la superficie exterior de los cerramientos opacos de fachadas. Para mi arquitectura, aquel viaje, fue un jalón clave, como después lo fue otro viaje al Japón.

Al principio del recorrido, la arquitectura suiza de Ginebra y sobre todo la de Zurich, me puso en contacto con una tecnología desarrollada de buenísimos acabados y de gran calidad. La presencia de algunos ejemplos de hormigón visto, que tenía mucho interés en conocer, me decepcionaron, sobre todo porque en la Universidad de Frigurbo seguían la pauta estética clasicista impuesta por [Auguste] Perret, que a mí siempre me había repugnado.

La arquitectura sueca de Estocolmo me inte-
resó, especialmente en lo que suponía una arquitectura mucho más tecnificada que la autárquica
artesanía que en aquellos años nos veíamos obli-
gados a hacer en España.

Fue en la visita a la ampliación del Ayuntamiento de Göteborg, de Gunnar Asplund, en donde encontré algo que me pareció, si no una meta, sí
un firme punto de partida. Asplund había muerto
hacía nueve años. Su obra, sobre todo sus crema-
torios y la biblioteca clásico-romántica de Estocolmo, que visitamos, se había publicado en revistas
que yo conocía. Incluso esta ampliación del ayuntamiento también la conocía por fotografías y había anotado que interesaba visitarla, pero vista en
la realidad, la honradez constructiva, las calidades
y la concepción y fluidez de espacios me impre-
sionaron enormemente. Recuerdo que estuvimos
mucho tiempo subiendo y bajando, mirando y
remirando perspectivas de conjunto y detalles de
todo tipo, rodapiés, barandillas, escaleras, etc.

En el barco que, cruzando el Sund, nos tras-
ladó de Malmö a Copenhague, comenté con mi
compañero de viaje, que Asplund me había dado
la lección que necesitaba, tal vez la primera realmente sólida y positiva que había recibido en mi
vida profesional; y recuerdo pensar que me daría
mucho fruto.

En la terminación del Instituto de Óptica y en el proyecto del Cajal hubo ya influencias de Asplund, posiblemente más formales que profundas, y sin darme cuenta me salía también, subrepticiamente, un cierto ascetismo manchego que, sin aún evidenciarse con claridad, es muy posible que estuviera forcejeando por aparecer hacía tiempo, como un ingrediente autóctono de mi arquitectura.

El encargo del Instituto Laboral de mi pueblo, Daimiel, en 1950, me proporcionó la posibilidad de aplicar, con todo rigor, unas cuantas ideas que ya estaban metidas en mi manera de entender — en aquel tiempo— la arquitectura.

La memoria de ese proyecto venía a ser una exposición programática de mi concepto arquitectónico y quizás sea útil copiar algunos de sus párrafos:

El procedimiento seguido para proyectar este edificio —decía— difiere, esencialmente, de los que ordinariamente se emplean, ya que se ha procurado jerarquizar y subordinar a lo propiamente esencial del edificio otras razones que suelen, por costumbre, tomarse como las más importantes.

Este, como todos los edificios, tiene por objeto crear una serie de ambientes o recintos espaciales en donde sea posible realizar unas determinadas funciones humanas. Partiendo de esta base, se han estudiado independientemente cada una de las funciones que han de vivirse en el edificio, estudiando la morfología en planta y en alzados: en volumen, del recinto. Las propiedades óptimas de iluminación natural, teniendo en cuenta las condiciones climáticas locales, y también, las cualidades que ha de tener la luz artificial. Las condiciones de aislamiento acústico e insonorización para los trabajadores que se han de efectuar en él, teniendo en cuenta, además, las repercusiones acústicas que estos mismos trabajos originan. También las cualidades en los órganos del tacto en lo que se refiere a temperaturas, humedad, calidades de los materiales, etc. y también las cualidades de salubridad, de renovación de aire, etc.

Seguía después haciendo un estudio sobre el programa propuesto. En él decía:

Como indican los esquemas del primer anejo a esta memoria, se hace un estudio independiente de cada uno de los elementos del programa, su superficie y volumen más adecuado, su forma, su orientación, la situación de la iluminación natural y la amplitud de ella y las demás condiciones particulares que haya de reunir, obteniendo así las características del elemento aula, el elemento taller y el aula de dibujos, el laboratorio de química, el elemento gimnasio y el salón de actos.

En el salón de actos se tiene en cuenta, con vistas a una mayor economía del edificio, que pudiera ordinariamente servir de elemento de recepción y de enlace de las diferentes piezas del edificio. Teniendo en cuenta las necesarias orientaciones de las piezas básicas, aulas y talleres, nos definen en él una determinada situación de las superficies laterales que lo limitan. La superficie en planta y el volumen en función del número de personas para el que ha de servir nos terminarán de definir este recinto. Teniendo en cuenta que este local queremos que sirva también, como hemos dicho, de elemento de entrada y enlace, su eje principal ha de estar ocupado por la puerta de acceso al edificio y, en consecuencia, sería molesto situar allí la cabina de proyección, por lo que esa cabina se sitúa en un lugar que no perturbe. Esto motiva una deformación en las proyecciones cinematográficas que se fueran a realizar desde ella, y para corregir ese defecto, el paramento del salón donde se sitúa la pantalla de proyección se coloca de forma que sea normal a la bisectriz que forma el eje general de la sala con el eje de proyección. Con esto, no solo se corrigen los defectos de esta proyección lateral, sino que se mejoran todos los puntos de vista del salón, ya que se consigue una visión correcta no solo en la zona situada dentro del cono de proyección, sino también en la zona situada en el cono correspondiente al eje del salón y, además, en todos los lugares próximos a ellos está muy poco deformada la visión.

En el siguiente epígrafe abordaba la «Agrupación elástica de los elementos del programa»:

Conocidos ya cada uno de estos elementos aisladamente y sus cualidades óptimas, se pueden agrupar de una forma elástica que hagan posible todas las variaciones que exija la situación especial del emplazamiento.

En el esquema general de agrupación elástica de los elementos del programa, que se adjunta en el primer anejo a esta memoria, se indica la morfología que toma en este caso este conjunto en el que se ha procurado conseguir un recinto abierto, a manera de jardín de recreo.

Después de estudiar las características del emplazamiento, las particularidades climatológicas de la región, la distribución del edificio su sistema constructivo y las diferentes instalaciones, terminaba la memoria con estas consideraciones estéticas:

De una parte los factores de ambiente: el paisaje, la luz, etc., en donde ha de estar enclavado el edificio y, de otra, las características del programa y los materiales con los que se ha procurado conseguir su calidad más característica son los ingredientes que se utilizan como medios plásticos de expresión.

Si en un programa complejo, como el que se me proponía para el Instituto Laboral de Daimiel, se estudiaban separadamente los diferentes espacios necesarios para cumplir las diversas funciones humanas (clases teóricas, talleres, laboratorios, bibliotecas, salón de actos, gimnasio, oficinas, aseos, etc.) y después, con la orientación más adecuada en cada caso y con la ordenación jerárquica más conveniente, se intentaban colocar todos estos elementos en el solar dado, obtendríamos un conjunto fluido y orgánico.

Esta palabra, orgánico, nunca la había oído en aquella época. Conocía, por fotografías de algunas revistas, pocas obras de Wright, los exteriores de la casa de la Cascada, sobre todo, y de Aalto la biblioteca de Viipuri, pero no las relacionaba con esta concepción mía. Algo me decía en la forma de engendrarse estos espacios, sin embargo, que tenían que ver con las organizaciones vivientes y lo primero que me vino a la imaginación es el conjunto de órganos digestivos de los rumiantes, lo que en mi tierra llaman el mondongo.

Estaba contento con el reciente descubrimiento de la *arquitectura de mondongo*, pero tenía que reconocer que como creador de neologismos no era precisamente un enterado. Busqué otro nombre, porque me di cuenta que esta denominación no podía trascender los límites personales... pero ciñéndome a la idea, como yo pretendía, no lo encontré.

La «arquitectura orgánica», como se ha llamado a esta fluida concatenación de espacios, y después la «metabólica» vienen a decir lo mismo que pensaba que debía ser lo que yo llamaba *arquitectura de mondongo*, y la segunda creo que con menos propiedad de lo deseable, pero hay que reconocer que son denominaciones mucho más eufónicas.

En 1952 ya disponía de una teoría arquitectónica coherente, capaz de dar unidad de criterio a mi producción arquitectónica.

Mantenía las constantes de fidelidad a los paisajes físico y humano, remarcaba el carácter espacial de la arquitectura y seguía una línea de actuación durante el desarrollo del proyecto que venía a ser una marcha analítica análoga a la utilizada en química para la investigación de cualquier sustancia, y que desembocaba en casi una solución única para cada caso.

Era tanta la honradez con que me propuse seguir esta trayectoria creacional, que llegué a soluciones excesivamente dogmáticas. Si se cumplían los requisitos que me había impuesto, obligaba a mi sensibilidad a aceptarlas a pesar de que estéticamente —en algunos casos— no me terminaban de agradar.

La expresividad de los materiales era un punto esencial, tanto en su forma de aparejarse en la obra como en el tratamiento de sus texturas superficiales. En las memorias de los proyectos redactados en aquella época recalcaba: «... consiguiendo los efectos estéticos exclusivamente por la disposición armónica de las masas y la mayor honradez en la calidad de los materiales a emplear» (memoria del proyecto para el Instituto Cajal de Microbiología, mayo de 1949).

En el proyecto para ese mismo edificio, los muros de la torre de estabulación de animales de experimentación y los muros de cerramiento de los extremos de cada bloque del edificio, que llegaban hasta el suelo, era lógico que estuvieran construidos con ladrillo macizo. Pero los muros de cerramiento de la estructura de hormigón armado era absurdo que se hicieran de ladrillo macizo sobrecargando permanentemente la estructura y proporcionando, si se hacían de poco espesor, muy deficiente aislamiento acústico y térmico. Esta solución la utilizaban, y la siguen utilizando, muchos arquitectos de todos los países pero, como no me parecía admisible esta solución y no encontré otra con qué sustituirla, me vi obligado a inventar un nuevo ladrillo al que bauticé «hueco especial de cerramiento». Fue mi primera patente.

Una muestra bastante elocuente de mi concepto de la arquitectura en aquella segunda etapa la pueden dar algunos fragmentos de un artículo mío que se publicó en abril de 1950 en el volumen IV, núm. 14, del Boletín de Información de la Dirección General de Arquitectura y que se titulaba «Notas sobre la arquitectura sueca».

¿Hacen —decía— los arquitectos suecos arquitectura moderna? Se puede contestar rotundamente que no. Los arquitectos suecos no hacen arquitectura moderna: es quizás su cualidad más admirable. Produce la impresión de que ni han llegado a plantearse el problema de cuál es la arquitectura que han de hacer. Hace pensar si quizás no será una verdadera quimera imaginativa esto de plantearse el problema de la filiación de la arquitectura que debemos hacer.

Los arquitectos suecos hacen sencillamente la arquitectura que tienen que hacer. Hay unas necesidades que satisfacer, unos medios con qué contar, un presupuesto del que disponer, una actual manera de vivir... El resultado de integrar con sinceridad estos factores lo podemos llamar como queramos: arquitectura moderna o de hoy o neo-empirista, la nomenclatura parece que no les preocupa demasiado.

Y aclaraba en una postdata final:

No querría haber producido la impresión, al escribir sobre arquitectura sueca, que nosotros debamos hacer esa misma arquitectura. Me parece muy bueno el camino que ellos han seguido para encontrar su arquitectura, y creo que podría ser también el que pudiera servirnos para encontrar nosotros la nuestra, pero nada más. Copiar esa arquitectura sería un desastre. Ni tenemos su clima, ni su mentalidad, ni su sensibilidad. Aquello es muy bueno para estar allí y para ellos, pero nada más.

En el enrarecido ambiente arquitectónico español de aquella época, tan patrioterizado de formulismos estilísticos, hasta el extremo de publicarse libros en los que se daban recetas para proyectar

cornisas, impostas, recercados de huecos, guarda-
polvos, etc., dentro de las características ortodoxas
del estilo imperial, el conseguir desprenderse de
todo eso y llegar a la conclusión de que el estilo es
algo que no se puede ni pensar, ni imponer, sino
que lo lleva la obra dentro, sin que haya tomado
conciencia de ello el propio autor, era para mi un
hallazgo importante. Es más, creí y creo que podría definirse como estilo arquitectónico aquella
manera de concebir la arquitectura en una época,
en la cual, el proyectista no se plantea el problema
del estilo, porque no concibe otra forma distinta de
proyectar que como lo hace.

Con tanta información gráfica como hoy dis-
ponemos, tanto de edificios antiguos como de re-
cientes construcciones, y con la diversidad de medios técnicos, se comprende la enorme dificultad
de que, de una forma consciente o inconsciente,
el arquitecto no se plantee el problema del estilo
en el momento de crear su obra; de ahí la escasa
posibilidad de que nuestra época tenga realmente
un estilo arquitectónico, sobre todo de características análogas a como lo tuvieron otras épocas de
la historia.

Este deseo de ahondar en la expresividad de los
materiales me llevó, en el colegio de los dominicos
de Valladolid y sobre todo en el Centro de Formación del Profesorado de Enseñanza Laboral, en

la Ciudad Universitaria de Madrid, a querer distinguir de una forma clara la expresividad de los aparejos de ladrillo de las partes del edificio que se construían en hormigón armado. Busqué en los proyectos y edificios que aparecían en las revistas profesionales de todo el mundo algo que indicara con precisión esa diferencia que yo buscaba, pero no la encontré. Entonces me puse a analizar los dos materiales. Los aparejos de ladrillo —pensé— son el resultado de la colocación, unas sobre otras, de piezas prismáticas prefabricadas, mientras que el hormigón es un material pastoso que se echa en moldes. Lo más típicamente distintivo de unos y otros medios constructivos es que mientras el ladrillo prefigura el muro construido con él, por su propia estructura prismática rígida, el hormigón acepta cualquier moldeo libre que se le imponga.

Pero la realidad es que en el hormigón armado no se ha aprovechado esa libérrima plasticidad y es tratado con unas disposiciones paralelepipédicas por imposición de los encofrados de tabla, para mayor facilidad en el cálculo de sus secciones, o por simple mimetismo de disposiciones estructurales de acero y de madera, como es el caso de muchos de los formalismos historicistas de la arquitectura actual de hormigón armado en el Japón y en otros países.

Con esta idea de acentuar ese plasticismo del hormigón, en el colegio de Valladolid, la visera de la entrada al pabellón de los padres dominicos, el claustro o la espadaña remarcan esa forma blanda y lisa, en contraste con la áspera, alistada y plana de los muros de ladrillo.

Y esa misma plasticidad impuse en los elementos de hormigón, viseras y claustros exentos y pegados a los muros del Centro de Formación de la Ciudad Universitaria de Madrid.

Este dogmatismo conceptual, de una parte, y la gran flexibilidad de posibilidades estructurales de los materiales y del paisaje, de otra, dieron a mi obra, entre 1950 y 1958 —hecha en muy diversos climas y ambientes— una variedad que si no se analiza profundamente puede parecer que corresponde a un periodo de duda y tanteo, cuando en realidad no era así.

El reencuentro con la arquitectura popular, y en especial con la manchega, al tener que realizar el Instituto Laboral, el mercado y una casa particular en Daimiel y la Casa de Cultura en Ciudad Real, además de otros institutos laborales en Hellín y Almendralejo, las visitas repetidas por una u otra causa a Granada y dos visitas a Extremo Oriente y otra bastante extensa e intensa a Norteamérica, me proporcionaron la ocasión de estudiar directamente arquitecturas de gran valor que me resultó muy útil conocer.

# Algo de teoría

Siempre he creído que para conocer con profundidad alguna cosa es indispensable tener de ella una definición concreta. Hacia el año 1955 tenía yo esa definición de lo que era la arquitectura y unos hitos perfectamente definidos que materializaban tal definición.

La arquitectura era para mí —y lo sigue siendo— un trozo de aire acotado por procedimientos técnicos, cuanto más sutiles mejor, y al que se le ha implicado una cierta trascendencia, que se traduce en una búsqueda estética de belleza. Si esta aspiración de la belleza se incluye en esa otra exigencia técnica útil en un común denominador de lo humano, la escueta definición de arquitectura podría ser esta: Un trozo de aire humanizado.

Si el hombre no se hubiera encontrado ante una naturaleza hostil no precisaría de la arquitectura. La arquitectura aparece cuando el hombre necesita guarecerse del exterior: del frío, del calor, de la lluvia, del sol, etc. Busca primero las grietas del terreno, las grutas naturales, los árboles corpulentos... Después fabrica chozas con ramas y barro. Solo cuando siente la necesidad de que aquello que cumple técnicamente las exigencias físicas —podríamos llamar ingenieriles— necesarias sea también bello, en ese momento ha nacido la arquitectura. Pero ¡cuidado!, sin programa de exigencias materiales imprescindibles para nuestra realidad física, tampoco hay arquitectura.

Hoy, que admirados ante una técnica adelantadísima, parece que el arte, la arquitectura, la filosofía, la poesía... van a ser absorbidos por ella, opino que va a suceder todo lo contrario. Que la técnica, la ingeniería en todas sus ramas, hasta en las más aparentemente prosaicas, van a ser tocadas, como hace muchos siglos lo fue la edificación, por ese hálito invisible de la trascendencia estética, por ese deseo incontenible que siente el hombre por la belleza.

Al acercarse la técnica, que antes había estado completamente desatendida de ella, a la belleza puede aparentemente parecer que es la arquitectura la que se ingenieriza, la que pierde un trasunto espiritual. Eso sería un retroceso en la marcha ascendente de la humanidad. Estoy convencido —sin llegar a un determinismo de la historia— de todo lo contrario: que en nuestros días la humanidad inicia nuevos y más amplios caminos de espiritualidad, de bondad, de justicia y de belleza, aunque a veces las sendas que conducen a estos fines sean zigzagueantes, tortuosos e incluso aparentemente opuestos a esos resultados.

El arte abstracto, en general, ha supuesto una apertura de horizontes a la comprensión artística, que puede ser un camino posible para la ascensión estética de nuestro mundo tecnificado que necesita, como factor indispensable para humanizarse, de una trascendencia bella, algo que hoy se comienza a vislumbrar por el deseo de las gentes, separándolo de sus necesidades utilitarias de contemplar y poseer obras de arte, pero que en un futuro más integrado habrán de fundirse en un mundo homogéneo y bello en donde el arte no sea un postizo a nuestro cosmos, sino un ingrediente de él.

Estamos padeciendo esta dicotomía, que surgió con el Renacimiento, en la cual la vida y el arte están prácticamente separados en el maniqueísmo de dos compartimentos estancos. De una parte, nos ha rodeado un entorno vital despiadadamente feo y, de otro, el arte aparentemente se ha sublimado para caer con su reciente comercialización en simple objeto de especulación, en puro dinero.

La arquitectura, que a trancas y barrancas se ha ido defendiendo de esta dualidad, se encuentra en estos momentos en una situación crítica al estar comenzando a desdoblarse, con la industrialización y prefabricación, en objeto industrial y, con las últimas tendencias de puro eclecticismo arquitectónico que nos están invadiendo, en simples objetos de arte, con una enorme carga de frivolidad.

En mi constante análisis de la arquitectura de hoy y del pasado, he encontrado solo tres arquetipos que responden a la definición que me he inventado de que la arquitectura es un trozo de aire humanizado. Esos tres modelos son la arquitectura popular, la Alhambra y la casa japonesa. Los demás presentan, como factores integrantes en su concepto creacional, otros ingredientes que yo considero bastardos.

El más ordinario de todos esos factores bastardos es sin duda el ser la representación plástica de la soberbia humana. La arquitectura ha sido, en muchos casos, el vehículo material de la expresión de soberbia de un hombre o de un pueblo poderoso. Soberbia que sí, es humana también, pero no buena. La arquitectura ha sido con triste y elocuentísima fidelidad la expresión del poder despótico, de la opresión a los débiles y desheredados y de la injusticia.

He buscado en la arquitectura cristiana —tengo que confesarlo sinceramente— unos rasgos de auténtica humanidad: sana, sencilla, humilde, ¡evangélica!... y no los he encontrado.

La arquitectura de los primeros siglos cristianos tuvo influencias evidentemente perniciosas de la arquitectura romana. Tosca imitación de lo romano, se fueron estructurando la arquitectura románica y la gótica, que casi llegó a liberarse de los postulados clásicos, pero, conteniendo otros gérmenes nocivos, fue arrollada por el Renacimiento, que ha mantenido un clasicismo más o menos austero hasta nuestros días. Hoy se analizan por teólogos y especialistas las estructuras de la Iglesia Católica y parece que se observa en ellas excesiva influencia del derecho y de la estructuración administrativa romana. Esta sería tal vez la lógica explicación de esa expresividad no evangélica de las arquitecturas cristianas.

Volviendo a los tres modelos de los que antes hablaba —la arquitectura popular, la Alhambra y la casa japonesa— me he preguntado: ¿qué tienen en común esas arquitecturas? Formalmente no parece que tengan puntos compartidos. ¿Cuál es, entonces, su interno denominador común? No cabe duda que será lo que todas ellas tengan de contenido humano.

Los últimos escritos de Alexis Carrel, la filosofía de Peter Wust, de Gabriel Marcel o de Martin Heidegger nos muestran como profunda y sustancial cualidad humana la actitud de inseguridad, la posición de duda y de riesgo del espíritu humano. A fin de cuentas, la actitud de humildad cristiana frente a la vida, en oposición a otras actitudes soberbias tales como la racionalista, la determinista, la dogmática marxista, etc.

Para mí, la arquitectura popular de cualquier parte tiene una extraña, por supuesto inconsciente, dosis de inseguridad ingenua que, partiendo de un programa de vital necesidad, utiliza los materiales de que dispone más a mano, con las técnicas más elementales. De otra parte, aplica una estética intuitiva, que evoluciona lentamente dado el escaso horizonte de ilustración que posee y que, precisamente por eso, viene a quintaesenciar su genuina entraña plástica, que entona, en una perfecta armonía, con el paisaje natural que la circunda.

En el año 1944 fui por primera vez a Granada para realizar una pequeña obra de reparación en la Casa del Chapiz, del Consejo Superior de Investigaciones Científicas. Estaba yo entonces terminando la iglesia del Espíritu Santo y tenía a medio hacer el edificio central del Consejo; por tanto, en plena euforia clasicista. Visité la Alhambra varias veces, pero no conseguí entender nada de ella; en cambio, el palacio de Carlos V, la catedral y otros monumentos clásicos los comprendía perfectamente y me entusiasmaban. Recuerdo que al visitar al rector de la universidad y darle cuenta de mis trabajos, ya que él era la autoridad del CSIC en Granada, me preguntó: «¿Le gusta Granada?». «Mucho —le contesté—. Me entusiasma el palacio de Carlos V, la catedral...». «¿Y la Alhambra?», quiso saber. Y yo, con la petulancia ignorante de los pocos años le respondí, más con gestos que con palabras: «¿Es eso arquitectura?».

Efectivamente, la dualidad estaba planteada: si *eso* era arquitectura, el palacio y la catedral no lo eran, o lo eran menos. Pero me costó más de diez años llegar a desentrañar el enigma.

Gran parte de la clave que me abriría la comprensión de la Alhambra me lo proporcionó el conocimiento de la casa japonesa.

Hacia el 1951 me di cuenta de que Frank Lloyd Wright era figura importante que había que estudiar a fondo, pero el conocimiento gráfico que tenía de su obra, por libros y revistas, me lo presentaban muy heterogéneo y desigual y de un marcado mal gusto en la ornamentación de su arquitectura, aunque con asimilaciones orientales muy interesantes. Y entonces pensé: ¿por qué en vez de estudiar esas concepciones orientales a través de Wright no intento estudiarlas en sus propias fuentes, en la casa japonesa?

Estaba entonces comenzando a realizar el Colegio Apostólico de Arcas Reales, de los dominicos, en Valladolid, que pertenece a la provincia dominicana de Filipinas, y comenté con su provincial, el padre Silvestre Sancho lo mucho que me interesaría ir a Japón.

«Yo te arreglaré ese viaje —me dijo—. Darás unas conferencias en la Escuela de Arquitectura de nuestra universidad de Manila y así podrás también ir a Japón y a Hong Kong». Y así fue. Estuve primero en Manila, después fui a Tokio y Kioto, siempre espléndida y cariñosamente acompañado por los padres dominicos, y más tarde a Hong Kong y Calcuta. Fue para mí un viaje de enorme interés profesional, cultural y humano.

Me di cuenta, en primer lugar, de que existía una civilización tanto o más importante que la occidental, que infravalorábamos por pura ignorancia y, ya desde un punto de vista profesional, que presentaba una realización en la casa japonesa —no en los grandes templos y palacios— de una pureza arquitectónica inigualada.

La casa japonesa es, en primer lugar, un espacio natural, un trozo de naturaleza, lo más salvaje posible. Para los japoneses y los chinos la jardinería es —no como nuestro concepto: un trozo de naturaleza *domesticada* que acompaña a la arquitectura— una pieza esencial de contemplación vital de la naturaleza en su más sublime ferocidad. Las rocas, las cascadas, los árboles retorcidos por los vientos... todo ello se patentiza y, si no existe, se provoca. La reelaboración geometrizada de la naturaleza, base de la jardinería del medio Oriente y de Occidente, están allí proscritas.

En el centro de esa naturaleza bravía, y separada de ella unos cincuenta centímetros, se levanta una plataforma generalmente de madera y cubierta con unas esterillas de paja de arroz: el tatami. Es la esterilla en la que una persona se acuesta en el suelo. Tiene unas medidas de 0,90 x 1,80 m aproximadamente y viene a ser también la base modular de la casa, rigurosamente humanizada por tanto.

Sobre esta plataforma se dispone una cubierta. De esta forma se consiguen permanentemente dos planos paralelos y horizontales que acotan el espacio. Lo demás, los cerramientos verticales, son accidentales. De papel, de madera, de vidrio... según quiera hacerse un aislamiento mayor o menor del exterior.

Resulta clarísimo que, así, la arquitectura es un medio de acotar un trozo de aire para conseguir unas características de habitabilidad que no se encuentran en la naturaleza libre.

La arquitectura japonesa, o para hablar con más propiedad, la casa japonesa es, evidentemente, la impotencia tecnológica frente al riesgo. Lo que podríamos definir como la humildad por evidencia. En el Japón los terremotos anuales son numerosísimos y catastróficos, es rara la década en que no los hay. La casa japonesa tradicional, ante la impotencia de dominar esta situación, la acepta con el aparente contrasentido de la levedad. Si hay un terremoto, me hundiré, parece decirnos. Procuraré, por tanto, que al caer me haga el menor daño posible. He de pesar poco. Es la actitud, opuesta al castillo roquero desafiando a las tempestades, a los enemigos y hasta a los siglos, y esa humilde esencialidad de su concepción son, sin duda, lo que imprime a la casa japonesa su más humana cualidad.

Era natural que, cuando la técnica pudiera dominar esta obligada humildad frente a los fenómenos sísmicos, surgiera una arquitectura de características opuestas, de seguridad, de soberbia. Eso se está ahora cumpliendo. La pesada arquitectura de hormigón que se hace hoy en el Japón, además, con un marcado sentido formalista, es, en su contenido esencial, lo contrario a la arquitectura genuinamente japonesa.

Sin embargo, los mejores arquitectos del racionalismo arquitectónico contemporáneo —Mies, en la casa Farnsworth, y sobre todo Neutra, en toda su arquitectura— han podido extraer las más puras esencias humanísticas de la popular arquitectura japonesa. Lección que ni han sabido intuir ni han querido aprender los arquitectos japoneses contemporáneos.

Este mismo concepto esencial, matizado por unas circunstancias climáticas menos rigurosas que las del Japón, es el que preside las concepciones espaciales de la arquitectura de la Alhambra.

En la Alhambra la acotación espacial se hace gradualmente en profundidad. Las estancias más interiores están rigurosamente aisladas del exterior pero otras anteriores van suavemente fluyendo hacia el espacio libre en patios y jardines.

En el colegio de los dominicos de Valladolid, en el Instituto de Segunda Enseñanza de Málaga y en otros muchos edificios, pero sobre todo en el Centro de Formación del Profesorado de Enseñanza Laboral de la Ciudad Universitaria de Madrid en su idea de conjunto (ya que la realización apenas supuso un tercio de lo que se proyectó), procuré actualizar esta concepción de espacios a la manera de la Alhambra. Creo que en ella están planteadas unas posibilidades a las que se podría —actualizándolas— sacárseles mucho partido.

¿Qué fondo de incertidumbre puede, como las anteriores, la popular y la japonesa, presentar la arquitectura árabe y concretamente la Alhambra?

Tal vez sea rebuscado, y hasta falso, el nexo que me ha parecido encontrar, sin embargo, parece claro que los conjuntos arquitectónicos de la Alhambra parecen proceder de las disposiciones de las tiendas de campaña de las tribus nómadas del desierto al acampar en un oasis.

La geometrización axial de estos conjuntos no es más que su humanización matemática, muy propia del espíritu y de la formación intelectual abstracta árabe. Y es aquí, en el esencial sentido matemático, pero a la vez, o por él precisamente, humano, en donde la aparente lejanía de criterios con la arquitectura japonesa presenta muy cercanas afinidades.

La rotura contrastada con el entorno, en la arquitectura japonesa, en contraposición a la suave analogía geometrizada de los jardines árabes hasta fundirse con el paisaje natural, más que una consecuencia de temperamento o de concepciones opuestas bien podría ser la consecuencia de paisajes físicos tan distintos como la agreste dureza montañosa volcánica del Japón y los llanos infinitos, y a veces desérticos, de los territorios árabes del sur de España, del norte de África y sobre todo de Arabia.

Es innecesario aclarar que mi gran admiración por la Alhambra corresponde a sus criterios generales volumétricos y espaciales, externos e internos, y a su relación armónica con la naturaleza, y que nada tiene que ver con sus conceptos programáticos y ornamentales.

He de confesar que, después de estudiar con cariño y detenimiento estas joyas de la arquitectura, cuando he visto en vivo toda la obra de Frank Lloyd Wright, sin negar algunos aciertos muy bellos, como la [sede de] Johnson en Racine, me ha parecido toda ella bastante superficial y, en general, de poco gusto.

# El hormigón pretensado

Un día, en 1958, en que el arquitecto Cassinello fue a mi estudio para recoger unas fotografías para publicarlas en la revista *Informes de la Construcción*, de la que era director, me comentó lo mal que le había parecido la completa indiferencia con que yo trataba, en una conferencia que recientemente había pronunciado, los problemas estructurales de la arquitectura. Efectivamente, para mí, en aquella época, el problema de desmenuzar el programa arquitectónico de un proyecto y el de expresar, con la máxima honradez, los espacios, las calidades y las texturas de los materiales, eran preocupaciones principalísimas. El problema de la estructura se reducía a coger la solución conocida que tenía más a mano, por precio y otras circunstancias, y aplicarla al proyecto con la mejor técnica posible.

El puro problema espacial y el epidérmico de los paramentos limitantes de ese espacio, era lo que realmente me importaba. De hecho, la exclusividad de mi preocupación interiorista fue causa —tengo que reconocerlo y lamentarlo— de cierto descuido por los exteriores de los edificios.

Las fachadas de la iglesia del Teologado para los padres dominicos, en la carretera de Alcobendas, en Madrid, tal vez sea el caso más patente, en mi arquitectura, de ese criterio radical de descuido por la expresividad estructural.

Se me echaba en cara esa indudable desviación mía por los problemas estructurales y se me hacía ver lo necesaria que era la investigación del hormigón armado con mentalidad arquitectónica, además de otras muy notables que, con un sentido más de técnica ingenieril, se estaban entonces realizando por Torroja, Nervi y Candela, principalmente.

Tengo que reconocer que la *bronca* cariñosa, me hizo reflexionar y seguir indagando, con más profundidad, ciertas características del hormigón que ya, hacía años, había comenzado a tener en cuenta, sobre todo en su calidad plástica al echarse en los moldes, lo que podríamos llamar su huella genética, y que yo consideraba, y sigo considerando, detalle de gran importancia para la obtención de una expresividad formal propia de este material.

Creo que la primera ocasión que se me presentó para estudiar una solución estructural propia en hormigón fue con motivo de presentarme al concurso para la nueva iglesia de San Esteban (1959), en Cuenca, con una solución de cubierta formada por láminas de doble curvatura en forma de alas de gaviota.

Al jurado le pareció demasiado atrevida esta solución y me adjudicaron por ello el segundo premio. De este tema de los concursos, de los que fui muy partidario, tengo una curiosa colección de experiencias que es mejor olvidar.

Los encargos del proyecto para Laboratorios MADE, el del Centro de Estudios Hidrográficos y Laboratorio de Hidráulica y el del Centro de Información y Documentación del Patronato Juan de la Cierva, del Consejo Superior de Investigaciones Científicas, fueron hechos en fechas muy próximas unos de otros (1959-1961) y en ellos tuve ocasión de hilvanar algunas experiencias sobre fabricación, formas estructurales y nuevas expresividades del hormigón armado y pretensado. En la memoria del proyecto para Laboratorios MADE decía:

> Como enlaces exteriores se ha creado una galería formada por elementos prefabricados de hormigón empotrados en muros también de hormigón.
>
> Se ha estudiado una morfología de estas piezas que responde, lo más exactamente posible, a sus necesidades de trabajo tensional, y una forma práctica de material líquido vertido sobre moldes que proporciona, dentro de la simplicidad del conjunto, un encaje ligero que, en cierta manera, responde a unas características estéticas análogas a la de nuestros edificios platerescos.

Con el encargo, por la Dirección General de Obras Hidráulicas del Ministerio de Obras Públicas, del Centro de Estudios Hidrográficos y la nave de ensayos para el Laboratorio de Hidráulica, se me presentó la ocasión de hacer un estudio estructural propio con hormigón pretensado.

La nave para ensayos debía tener una anchura de 22 metros y una longitud de 80 metros La iluminación natural debería ser muy uniforme, de bóveda celeste, para poder tomar, sin reflejos, fotografías de los modelos que se ensayaran.

Comencé los estudios de cubierta de esta nave tanteando una solución asimétrica, inspirada en la cubierta simétrica que había presentado para el concurso de iglesia de San Esteban en Cuenca. De esta pasé a otra con piezas tubulares de eje vertical, sin interés. Siguiendo la búsqueda, intenté una solución de piezas postensadas por dovelas abiertas y, de esta, llegué a la solución que se realizó, de piezas postensadas por dovelas asimétricas, cerradas y huecas, que comprobé después presentaban grandes analogías formales, e incluso tensionales, con los huesos de los vertebrados, y que, con mi reconocida torpeza para inventar neologismos, bauticé familiarmente como *huesos*, que, aunque es nombre eufónicamente también poco feliz, ha tenido alguna mayor difusión que aquel otro de *arquitectura de mondongo*, de inadmisible difusión.

José María Pliego, ingeniero jefe de la Sección de Cálculo del Centro de Estudios Hidrográficos, y Ricardo Barredo, especialista en postensado, fueron unos colaboradores eficacísimos y entusiastas de mi primera invención en hormigón pretensado. El resultado, plenamente satisfactorio, tanto técnica como estéticamente, de esta solución la conoció, cuatro años después, por intermedio de Barredo, Andrés Colomer Munmany, un importante fabricante de cueros de Vic; le gustó y se decidió a ponerlo en práctica en la construcción de varias fábricas nuevas que tenía proyectado realizar, y en las cuales quería prescindir de las soluciones estructurales metálicas, que presentaban grandes inconvenientes de oxidación, por el ataque de los gases corrosivos necesarios para trabajar en esa industria.

La solución de cubierta realizada en el Centro de Estudios Hidrográficos, con luz cenital, si bien plástica y estructuralmente estaba resuelta, para una prefabricación seriada presentaba inconvenientes económicos y operacionales, sobre todo por la pesadez de las dovelas (de casi 400 kilos cada una) y la necesidad de que los orificios para los cables de pretensado, en catenaria, estuviera simétricamente pareados y situados en distintos puntos del contorno de las piezas.

El ingeniero de las fábricas de Colomer Munmany, Antonio Casacuberta, mi más eficaz colaborador, con una solvencia y entusiasmo admirable, consiguió una solución de pieza hometética de la primitiva de mucho menor peso (103 kilos cada una) y de armadura postesa recta, con solo tres cables de pretensado en los vértices y con todas las piezas iguales.

Con la ingeniosa colaboración del fabricante Julián Arumí se acondicionó una fábrica y después otra, ya de nueva planta, en Vic, y se comenzó el trabajo seriado y comercializado de estas piezas para cubiertas con luz cenital y de hasta 17 metros de luz entre soportes, y posteriormente de otras para forjados y para instalaciones fabriles o similares de hasta 16 metros de luz y para 1.300 kg/m$^2$ de sobrecarga y también para marquesinas de hasta 7 metros de longitud de voladizo.

Como los resultados económicos de estas soluciones seriadas se comprobó que eran comercialmente competitivos, acordamos crear una sociedad mercantil llamada HUECO S. A. que explotara mundialmente las patentes de todas estas soluciones.

En el proyecto para el Centro de Información y Documentación del Patronato Juan de la Cierva, del CSIC, contemporáneo del laboratorio MADE y el del Centro de Estudios Hidrográficos, no se presentaban singulares problemas estructurales y solo me quedaba la solución de investigar esa cualidad de la pastosidad primigenia del hormigón en los muros laterales de cerramiento, en la rotura de las fajas horizontales de la fachada en la puerta de entrada y también en una gárgola en la coronación del muro de la fachada principal, y en ellos procuré expresar —con bastante torpeza, por cierto— esa intención plasticista.

Para los pórticos y marquesinas de una casa particular cerca de Marbella (1961) comencé a estudiar soluciones pretensadas por adherencia, huecas y de muy poco espesor (de 1,5 a 2 cm), aprovechando las patentes y experiencias que en piezas huecas de sección rectangular tenía su fabricante, Vicente Peiró, y cuya colaboración y entusiasmo también me han sido muy fructíferos en otras obras posteriores, realizadas por el mismo sistema.

Aquella primera experiencia no pudo llegar a realizarse, aunque las piezas se fabricaron y algunas de ellas se aplicaron a una obra posterior, porque tuve que abandonar la realización de la obra después de comenzada ante la imposibilidad de poder entenderme con el voluble propietario extranjero. Creo que este ha sido el único caso en mi vida profesional en que he tenido que dejar un trabajo. Y debo aclarar que mi relación profesional con los propietarios ha sido generalmente muy cordial, e incluso han terminado en una buena amistad personal.

En el proyecto para el Instituto de Segunda Enseñanza en Valladolid (1961) comencé una serie de soluciones constructivas de cubiertas y marquesinas con piezas huecas pretensadas por adherencia, y todas ellas fueron realizadas por Peiró. La obra, dirigida por el arquitecto José Ramón Azpiazu, se terminó en fechas muy posteriores por dificultades administrativas.

La solución que proyecté para cubierta, con piezas pretensadas por adherencia, pretendía conseguir una continua cámara de aire aislante. Presentaba un buen aspecto estético, pero la unión de las piezas no estaba resuelta; esto, unido a ciertas deficiencias de fabricación, ya que la realización era bastante artesana, me ha hecho, al fin, abandonar esta solución, aunque con ella se han realizado obras que creo que tienen cierto interés, con luces de hasta 20 metros, tales como el Complejo Parroquial de Santa Ana, los Laboratorios Jorba, el Colegio Asunción Cuestablanca, etc.

Con el fin de conseguir una solución de cubierta pretensada con una unión hermética entre piezas y de buen aislamiento térmico, estoy ensayando otras opciones con la colaboración de tres constructoras que adquirieron las acciones de una sociedad que había fundado con tres amigos ajenos a estos problemas y que denominamos Sistemas Fisac, con la idea de industrializar lo proyectado para casas prefabricadas, pero que la situación tanto artesana como laboral de la construcción en España no la hacen económicamente interesante, por ahora.

La idea que en estos momentos ensayo, con el ingeniero colaborador de aquellas empresas, José María Pliego, si bien tiene por ahora carácter de prefabricación abierta, que pienso utilizar con algunas obras que recientemente he proyectado, podría llegar a ser una solución cerrada, para construcciones de luces medias tales como edificios escolares, laboratorios u oficinas.

Muy recientemente (en julio de 1970), y después de buscarlo con mucho interés, he conseguido encontrar una solución de encofrado flexible que, además de resultar mucho más económico que los convencionales de madera, puede proporcionar al hormigón su textura genuina de material que se echa pastoso en un molde y que deja, de una forma permanente, su huella genética.

# LA HUELLA GENÉTICA.
# ITINERARIO FOTOGRÁFICO
## (1971-1984)

Edificio para la Mutualidad de Artes Gráficas y Papel (MUPAG). Centro de Rehabilitación. Madrid (1971).

Edificio para la Mutualidad de Artes Gráficas y Papel (MUPAG). Madrid (1971).

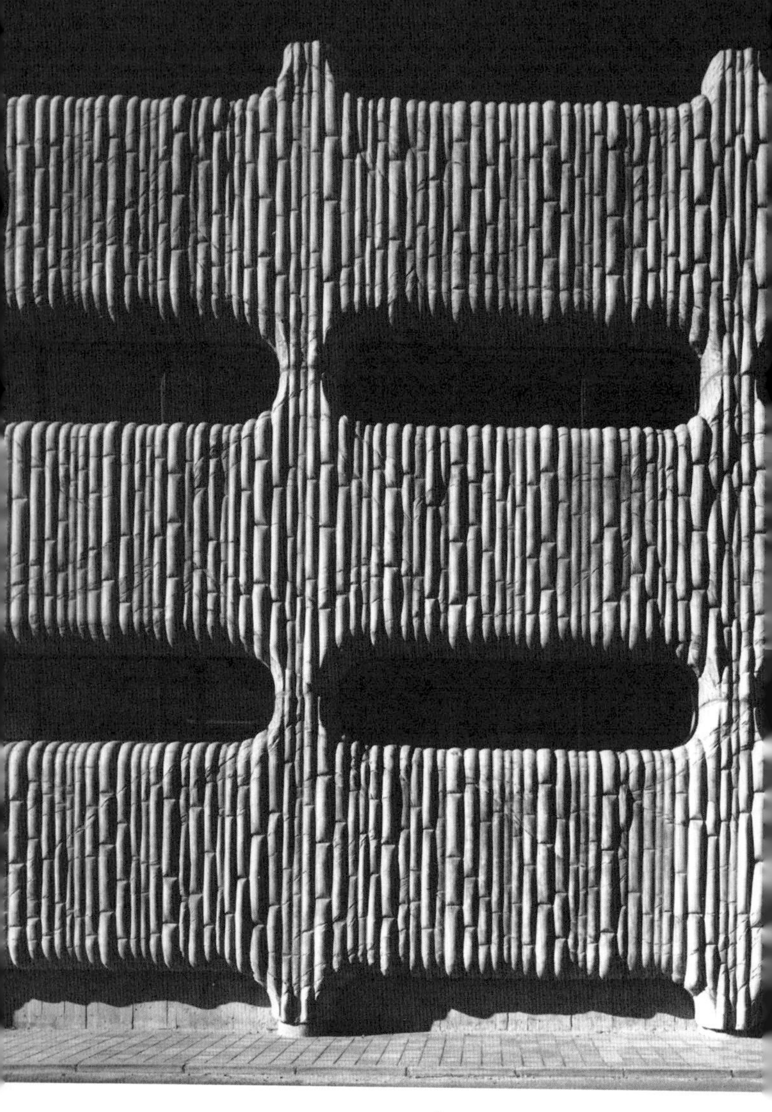

Edificio para la editorial Dólar, Madrid (1972).

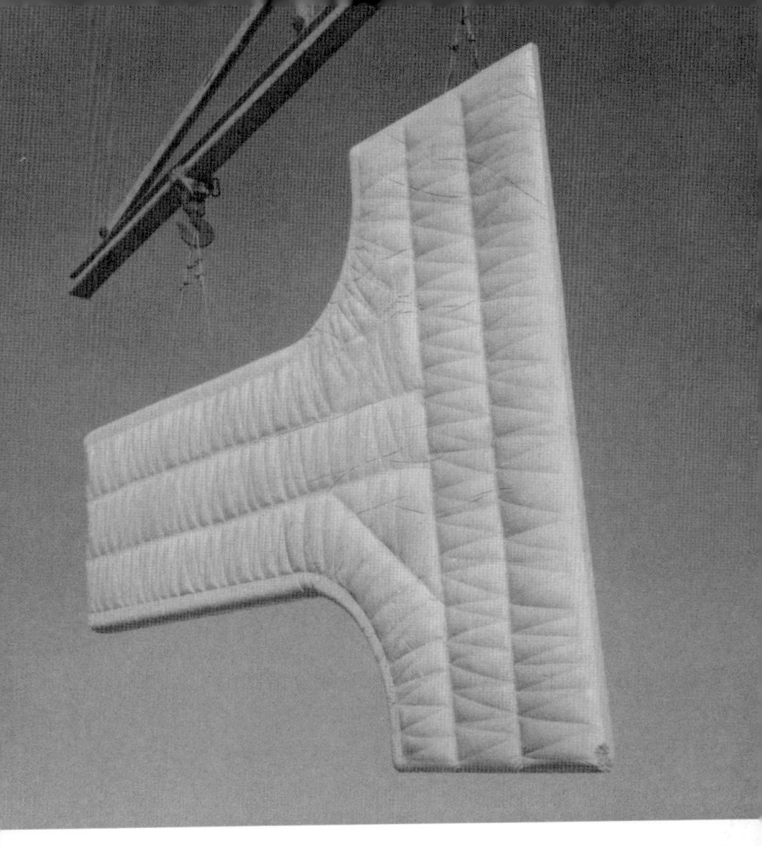

Pieza de fachada del Hotel Tres Islas, Fuerteventura (1972).

Placas prefabricadas para el Hotel Tres Islas, Fuerteventura (1972).

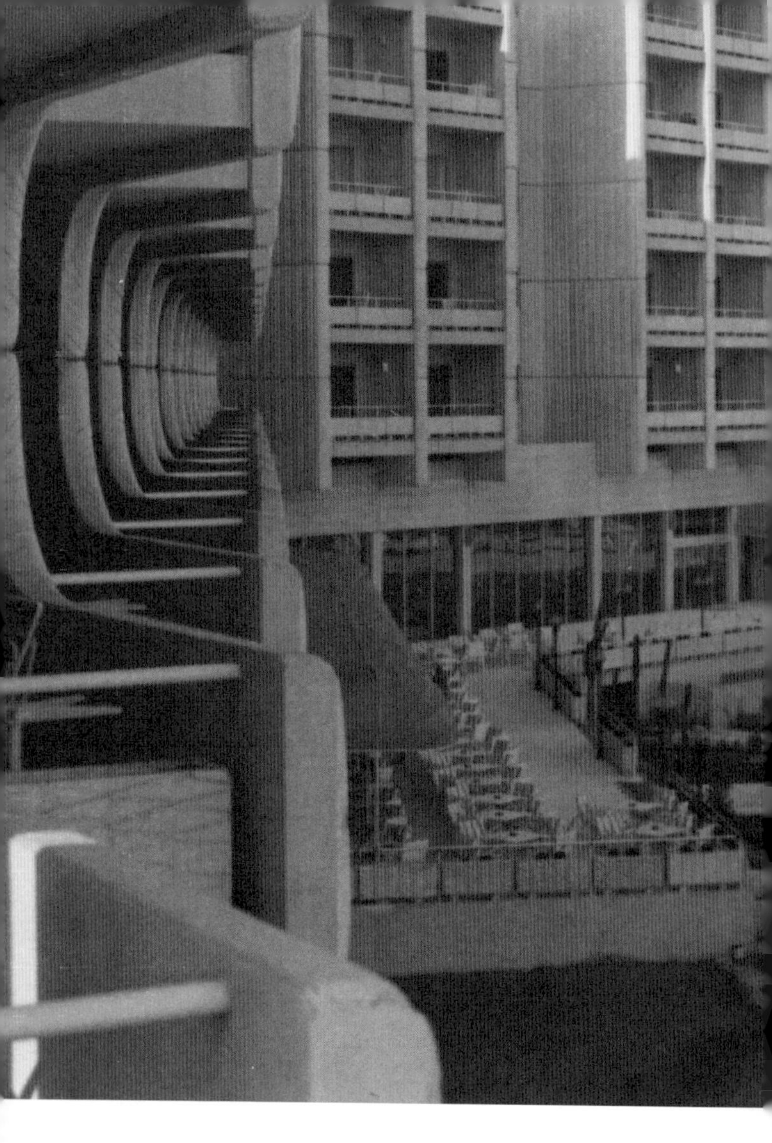

Hotel Tres Islas, Fuerteventura (1972).

Chalet para Pascual de Juan en La Moraleja, Madrid (1973).

Casa Fisac, Almagro (1978).

A la izquierda, Ermita de San Pedro, Almagro (1983).
En esta página, molde para la fabricación de encofrados flexibles.

Mausoleo de Félix Rodríguez de la Fuente, cementerio de Burgos (1980).
Imagen de Cirilo Saiz.

A la izquierda, detalle de pieza de encofrado flexible en el Museo de Ciudad Real.
En esta página, edificio de viviendas del Parterre, Daimiel (1982).

Iglesia de Nuestra Señora Flor del Carmelo, Madrid (1983).

A la iquierda, Iglesia de Nuestra Señora Flor del Carmelo, Madrid (1983).
En esta página, edificio para usos sociales para las Hermanas Hospitalarias del
Sagrado Corazón de Jesús, Ciempozuelos (1984).

Edificio para usos sociales para las Hermanas Hospitalarias del Sagrado Corazón de Jesús, Ciempozuelos (1984).

Edificio para usos sociales para las Hermanas Hospitalarias del Sagrado Corazón de Jesús, Ciempozuelos (1984).

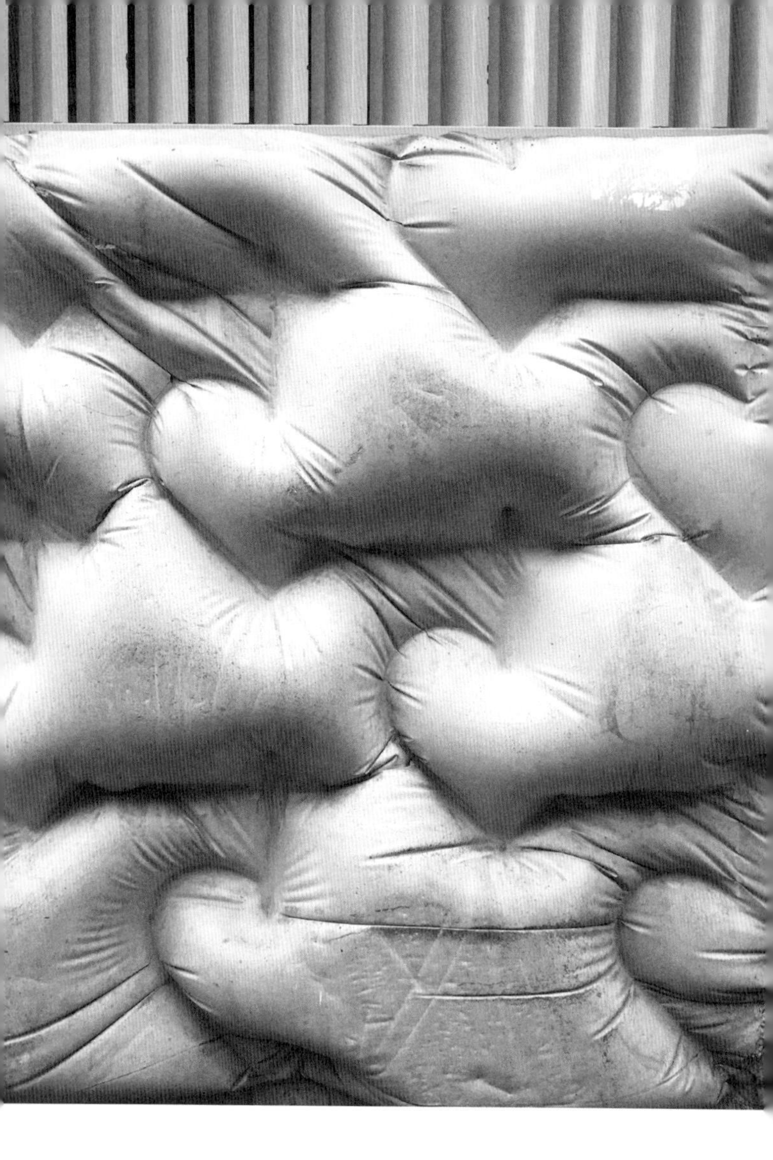

Edificio para usos sociales para las Hermanas Hospitalarias del Sagrado Corazón de Jesús, Ciempozuelos (1984).

# EPÍLOGO. ALGUNAS CONSIDERACIONES PERSONALES SOBRE MI ARQUITECTURA (1994)

Palabras de Miguel Fisac al recibir la Medalla de Oro de la Arquitectura, concedida por el Consejo Superior de Colegios de Arquitectos, en 1994

Me pregunto, al final del camino de mi vida, lo que yo he aportado a la arquitectura y me tengo que responder que poca cosa. Pero sí tengo que constatar que, durante setenta y cinco años, he tenido hacia ella una dedicación casi obsesiva. Durante cincuenta y dos he realizado un ejercicio profesional directo, artesano y en solitario. No he sido nada erudito, me aburren los libros que escriben los arquitectos; en casi todos ellos, oscuros, sin ideas claras y arropadas en una pedante y altisonante prosa, no he aprendido casi nada. Lamento, sin embargo, haber tenido voluntariamente poca relación con los círculos arquitectónicos profesionales: academias, escuelas y sus alrededores, y creo que, en gran parte, esta actitud ha sido la causa de ese desconocimiento mutuo que nos hemos tenido.

He visto y estudiado *in situ* mucha arquitectura en todo el mundo, y he meditado y teorizado bastante sobre ella y su entorno: urbanismo, sociología y política en su auténtico sentido semántico político: sobre las cosas de la ciudad.

He protestado en la prensa y otros medios de comunicación por la mala arquitectura y el urbanismo que se estaban haciendo en España, que me parecen socialmente perjudiciales, y únicamente he conseguido crear cierto malestar. Ha sido predicar en el desierto y ganarme enemigos. Hoy comprendo que mi comportamiento ha sido estú-

pido, por lo que pido perdón, no por lo que critica-
ba, sino por la forma poco inteligente de hacerlo.

Desde hace cuarenta y seis años he realizado
mis proyectos siguiendo un itinerario mental —
que al paso del tiempo he ido perfeccionando—
con el que estoy contento, porque me ha evitado
cuestionarme cosas que suelen preocupar a los
arquitectos y que creo que es equivocado tenerlas
en cuenta a la hora de proyectar un edificio, un
picaporte o una ciudad; el estilo, la moda, el éxito,
etc., que es casi seguro que, consciente o inconscientemente, introducirán en nuestras creaciones
mimetismos, semejanzas e incluso plagios formales no convenientes para nuestra libre expresión.

De otra parte, esta actitud de desarrollar mis
proyectos, comenzando por esforzarme en dejar la
mente en blanco de precedentes propios y ajenos,
me ha proporcionado el gozo de ir sucesivamente
descubriendo posibilidades nuevas; tanto estructurales como estético-formales.

Este método, sin embargo, ha tenido el incon-
veniente de no estar a la moda —ya sea moderna,
posmoderna o deconstructiva— y, como consecuencia, de un marchar a contracorriente que, na-
turalmente, genera incomprensión.

Al obligarme por esta manera de hacer a cuestionarme las estructuras más convenientes en
cada caso, me he acercado a técnicas actuales no

utilizadas en profundidad en la arquitectura, como es el caso del hormigón pretensado, que me ha descubierto un mundo nuevo de posibilidades y que, incomprensiblemente, nadie más usa, cuando por precio, posibilidades estéticas, mantenimiento y duración, es muchísimo más apropiado que las técnicamente decimonónicas trianguladas metálicas que masivamente hoy se realizan.

En el Congreso de la Federación Internacional de Pretensado (FIP) de Estocolmo en el año 1982, se me invitó a ser ponente sobre el pretensado en arquitectura, por la sencilla razón de que era el único arquitecto que de una manera directa, plástica y formal lo utilizaba en mis proyectos. De eso hace doce años e inexplicablemente sigo siendo el único.

Arquitectos famosos, por todos conocidos, realizan arquitectura llamada de alta tecnología, pero esa alta tecnología es, en gran parte, aeronáutica, no arquitectónica.

En el último tramo de mi análisis del proyecto, se impone una cierta sensibilización poética, *ese nosequé* para que aquello que contienen los componentes necesarios en toda construcción llegue a ser arte, verdadera arquitectura.

He creído que, además de las características estéticas convencionales, con el material emblemático de nuestro tiempo, el hormigón, los arquitectos tenemos de alguna manera la obligación de encontrar la textura adecuada a su propia expresión plástica. En su cualidad de ser el único material que llega a la obra en su estado plástico blando, que se vierte en un molde, con mis encofrados flexibles, he querido conseguir que quede la huella genética de su primitivo estado.

He vivido tantos años que suelo decir que he vivido tres siglos, porque son tres paquetes de años sin solución de continuidad. Los primeros treinta en un ambiente rural manchego con muchas connotaciones del siglo pasado: los coches de mulas, la siega, la trilla de cuchillos de pedernal, los cantos de las hogueras nocturnas de los serenos... Unos segundos treinta años de cambios políticos y expectación de futuro, con la aparición y primer desarrollo de las vanguardias, de esperanzas e ilusiones de la modernidad. Y ahora, un tercero posmoderno, de hundimiento de las utopías, que ha creado una desorientación general y en el que la arquitectura tiene su más clara expresión plástica con su propia desorientación.

Y yo, mientras tanto, con mi itinerario mental y mis preguntas jerarquizadas —para qué, dónde, cómo y ese nosequé— voy pasando, impertérrito, por entre las vías de los trenes de la actualidad que cruzan ante mis ojos a gran velocidad.

No sé si soy un retrasado o un adelantado. No sé si formo parte de esos montones de basura residual de la civilización del ocio y del dinero que se derrumba, o si formo parte de esos brotes nuevos que, con toda humildad, se mezclan con ella, pero que anuncian un futuro de solidaridad, de amor y de esperanza de un mundo mejor y, como consecuencia, de una mejor y más humana arquitectura.

Volviendo a lo mío, tengo también que referirme, aunque sea de forma muy breve, a la historia, a la pequeña historia, de mis fracasos.

Siempre he creído que la misión más importante que tenemos los arquitectos actuales es la de colaborar de una manera efectiva para resolver el problema de la vivienda.

En el primer concurso al que pude presentarme, para viviendas muy económicas, que suscitó el COAM y en el que me concedieron el primer premio, no conseguí que mis casas en cadena fueran aceptadas por los órganos oficiales de la vivienda. Tampoco he recibido, de forma oficial ni particular, encargos importantes para poder desarrollar coordinaciones dimensionales de materiales y métodos de prefabricación y seriación, que estudié inútilmente en muchas horas de trabajo y con mucha ilusión.

El urbanismo y la ordenación del territorio han sido para mí preocupación profesional preferente que no ha pasado de gritos en desierto, en libros y periódicos y he padecido el sufrimiento de ir comprobando, con el desprecio más absoluto ante mis advertencias, los desastrosos resultados que traerían y que ya han llegado.

En una especie de cajón de sastre final, querría hacer referencia a mis trabajos de diseño de mobiliario, lámparas, picaportes, alfombras, etc., que han surgido, casi todos, al no encontrar en el mercado esos complementos adecuados para que armónicamente completaran los interiores o exteriores que he ido realizando.

Quería terminar afirmando, con toda sinceridad, que mi deseo es que la arquitectura que yo hago, y también la que hacen los demás profesionales, se vacíe de tanto vanidoso protagonismo y de tanto interés bastardo y se llene de humilde servicio a la convivencia y al amor entre los hombres.

# COLOFÓN. LA PAGODA
## (1965-1999)

Miguel Fisac comenzó la construcción de los Laboratorios Jorba en 1965. La torre, conocida como La Pagoda, se convirtió de inmediato en una de sus obras más reconocibles y emblemáticas.

El solar se hallaba en un sitio muy visible —autopista de Barajas— y se quería máxima exhibición de esa parte del programa, que no era una cosa rígida, puesto que no es propiamente el laboratorio, sino una zona añadida al laboratorio, que puede tener más flexibilidad. Interesaba, fundamentalmente, que fuese un edificio que llamara un poco la atención (una torre-anuncio). Y yo he hecho una frivolidad, porque el programa exigía una frivolidad.

[...] No sé si es un anuncio. Se trataba de llamar la atención. Y al dueño le importaba mucho llamarla. Y ha quedado satisfecho. Porque esta torre ha salido en un montón de revistas extranjeras —japonesas, inglesas, francesas y alemanas y de todo—. Ahora, precisamente, me ha pedido diez o doce fotos una revista italiana, aéreas, en color, para sacarlas en portada... A mí me resulta un poco ridículo, porque creo que eso... puede ser gracioso, puede ser una plástica simpática, pero que no tiene más trascendencia. Y me resulta un poco triste que algunas revistas de arquitectura estén poniendo el énfasis en esta cosa totalmente intrascendente. Lo que prueba que estamos en un momento de crisis muy duro de la arquitectura.

«Los arquitectos critican sus propias obras: Miguel Fisac», entrevista de Carmen Castro en la revista *Arquitectura*, núm. 151 (1971)

El conjunto fue demolido, con autorización municipal, en julio de 1999. «Se necesitaron quince días. Probablemente, en caso de terremoto o de una bomba atómica —comentó con ironía el arquitecto—, La Pagoda se hubiera quedado en pie».

En los medios, Fisac acusó al Ayuntamiento de haber tomado la decisión «a la ligera» y al alcalde, José María Álvarez del Manzano, de «falta de valentía», pero aseguraba no guardar ningún rencor. El derribo provocó estupor y asombro entre colegas arquitectos, que lamentaron públicamente el desinterés de las autoridades por la arquitectura contemporánea. [N. de los EE.]